Título original: Quem manda aquí? Um livro sobre política para crianças
© 2015, por André Rodrigues, Larissa Ribeiro, Paula Desgualdo y Pedro Markun
Publicado primero en Brasil por la Companhia das Letras, São Paulo
Derechos en castellano negociados por S.B. Rights Agency - Stephanie Barrouillet
Maquetación: Volta Disseny
Traducción del portugués de Brasil: Patric de San Pedro
© 2021, de la presente edición, Takatuka SL, Barcelona
Primera edición en castellano: febrero de 2021
www.takatuka.cat
Impreso en Novoprint, Sant Andreu de la Barca (España)
ISBN: 978-84-17383-86-2
Depósito legal: B 1362-2021

FSC
www.fsc.org
MIXTO
Papel procedente de
fuentes responsables
FSC® C019520

¿QUIÉN MANDA AQUÍ?

Un libro sobre política para peques

André Rodrigues • Larissa Ribeiro • Paula Desgualdo • Pedro Markun

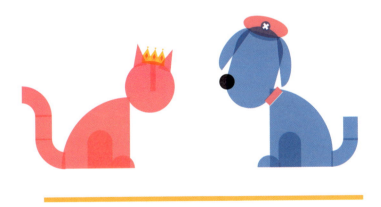

TaKaTuKa

Había una vez un rey malvado y mandón

que gobernaba siempre sin ton ni son.

No fue escogido a pito pito gorgorito,

ni por ti ni por mí, se eligió él solito.

Pero entonces, ¿por qué era rey? ¡Es inaudito!

Había una vez un indio que vivía de la tierra.

Cavaba, plantaba, compartía y hacía la guerra.

Pero un día la selva fue invadida

para ser saqueada y entre otros repartida.

¿Y las riquezas? ¡Ya lo sabes!

Se las llevó un rey en su nave.

Había una vez una esclava

obligada a trabajar.

Si las órdenes no acataba,

la castigaban sin cesar.

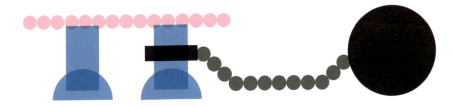

Aprendió a luchar y huyó del cañaveral,

los azotes dejó atrás para vivir en libertad.

Había una vez un malhumorado militar
al que le gustaba dar órdenes y desfilar.
El desorden le resultaba insoportable,
lo solucionaba todo a golpes de sable.

Y a todo el mundo consiguió atemorizar

este soldado que no sabe ni jugar.

Había una vez una alcaldesa electa

que no era ciertamente perfecta.

Pero a esta sí la había escogido la gente,

personas como tú, yo o Vicente.

Es verdad que ella a veces no acierta.

Podemos elegir a otra: ¡estamos siempre alerta!

Había una vez una profesora,

mujer sabia y gran oradora.

Tanto llegó a estudiar y leer,

que todas las cosas creía saber.

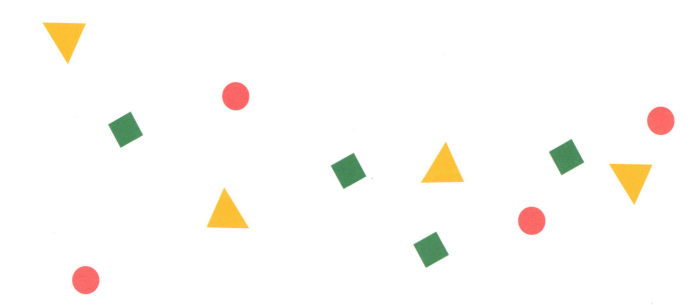

No recordaba que el saber depende:

a aprender se enseña y a enseñar se aprende.

Había una vez una casa.

Una no, muchas más.

En unas mandaban el padre y la madre;

en otras, la abuela y el padre además.

En algunas lo hacían el padre y el padre,

la madre y la madre, la tía y la abuela quizás,

o tal vez solo la madre,

sin olvidarnos del perro jamás.

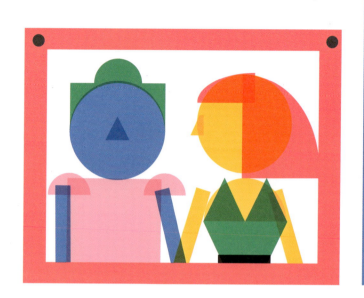

Pero es mucho mejor en mi casa,

donde toda opinión tiene cabida,

y lo que seguro que no pasa

es que una por las demás decida.

Había una vez una persona como tú,

que no eres ni la más fuerte ni la más vieja,

ni la más alta ni la más rica ni la más bella,

sino alguien a quien a veces le toca mandar

y otras veces tiene que obedecer.

Pero que un día descubrió que también tiene derecho a escoger.

EL PROYECTO

¿Quién manda aquí? es un libro sobre política hecho con peques y para peques. Desde la infancia, nuestro imaginario se ve poblado por historias de reyes y de reinas, maestras y aprendices. En el día a día las formas de organización política están presentes en todas partes, desde la directora de la escuela a la capitana del equipo. Pero, al final, ¿qué es lo que hace que un rey acabe siendo rey? ¿Por qué algunas personas mandan y otras obedecen, ya sea en los cuentos de hadas o en nuestra vida?

Para hablar de esas formas de control y de poder hemos contado con la ayuda de mucha gente. Para empezar, 260 colaboradoras apoyaron la edición brasileña de este libro por medio de la plataforma de financiación colectiva Catarse. Luego organizamos seis talleres con peques —cuatro en São Paulo y dos en Ouro Preto—, en los que compartimos y experimentamos de una manera bien divertida nociones sobre las maneras de gobernar y tomar decisiones.

Todo lo que vimos y oímos en estos encuentros sirvió de inspiración para este libro, que ahora tenéis en versión impresa y del cual también hay una edición *online* gratuita disponible en la web de Takatuka. El propósito de este libro no es dar respuestas, sino invitar a pensar. Queremos trasladar este asunto a los hogares y a las aulas, a fin de que todas juntas, peques y mayores, podamos cuestionar las cosas como son y reflexionar sobre cómo podrían ser.